AF242771

ALLOCUTION

PRONONCÉE

EN L'ÉGLISE CATHÉDRALE DE SAINT - OMER

Par M. l'Abbé **BEAUVOIS**, curé-doyen de Lens,

AU MARIAGE

DE

M. ÉMILE BLONDEAU

AVEC

M^{ELLE} MARIE DESCELERS.

———>•<———

VALENCIENNES

IMPRIMERIE DE LOUIS HENRY, MARCHÉ-AUX-POISSONS, 2.

1867.

ALLOCUTION

PRONONCÉE

EN L'ÉGLISE CATHÉDRALE DE SAINT - OMER

Par M. l'Abbé BEAUVOIS, curé-doyen de Lens,

AU MARIAGE

DE

M. ÉMILE BLONDEAU

AVEC

M^{ELLE} MARIE DESCELERS.

VALENCIENNES

IMPRIMERIE DE LOUIS HENRY, MARCHÉ-AUX-POISSONS, 2.

1867.

Monsieur, ma chère Marie,

L'union que vous allez former est tout à la fois la plus ancienne, la plus sainte et la plus étroite des alliances de la terre. Elle fut établie dès l'origine du genre humain et dans la plus parfaite innocence du Paradis terrestre. Elle reçut sa première bénédiction d'un Dieu créateur qui daigna lui-même associer les deux premiers époux. Notre divin Sauveur Jésus-Christ voulut bien la sanctifier par sa présence et l'honorer de son premier miracle. Il a plus fait encore ; il a soustrait le lien conjugal aux puissances d'ici-bas ; il a élevé le mariage à la dignité de sacrement de la loi nouvelle ; il en a fait un des canaux destinés à communiquer aux hommes les mérites de la rédemption ; il a voulu qu'il nous représentât son union sacrée avec l'Église, son épouse.

Ainsi tout est auguste, tout est grand, tout est divin

en quelque sorte dans une alliance chrétienne. Le lien du mariage rend les deux personnes inséparables, et la mort seule peut rompre ce lien. Une grâce surabondante y vient purifier la source de notre naissance et sanctifier l'amour des époux. Pour eux, éclairés par la foi, ils considèrent avec respect l'ordre de la Providence qui les a appelés à contribuer à sa gloire, en multipliant le nombre des enfants de l'Église. N'oubliant pas que les saints sont leurs pères, ils s'élèvent au-dessus d'une passion qni dégrade l'homme créé à l'image de Dieu ; dans le mariage, ils recherchent bien moins une position honorable et la satisfaction de leur cœur que l'accomplissement de la volonté divine. Ils savent que leurs devoirs, difficiles parfois, seront pour eux un moyen efficace de sanctification. Enfin ils n'ignorent pas que les peines attachées à cet état seront adoucies par la mutuelle affection qu'ils se doivent et surtout par l'onction céleste de la grâce. Une crainte respectueuse et une juste confiance les accompagnent au pied des saints autels, où Dieu lui-même reçoit leur promesse et consacre leur union dans la personne de son ministre.

Nous savons, mon cher Monsieur et ma chère Marie, que ces sentiments sont les vôtres. Vous les avez l'un et l'autre puisés sur les genoux de vos mères et au sein de vos familles chrétiennes.

Quant à vous, ma chère Marie, après avoir béni l'union de vos parents, nous vous avons régénérée par le baptême, nous vous avons vue grandir, nous vous avons pendant bien des années donné les soins de notre ministère sacré, nous vous avons, malgré l'éloignement, continué une affection toute paternelle en retour de la vôtre, et aujourd'hui, avec l'agrément du vénérable et bien aimé pasteur de cette insigne église, nous allons vous bénir nous-même pour votre mariage.

Pourrais-je ne pas le dire? en tous cas pardonnez-le moi, une circonstance exceptionnelle marque ce jour et le rend doublement solennel. Votre père, mon bon ami, n'a pu vous amener lui-même au saint autel; il n'est ici que par ses désirs et par son cœur. Etendu sur un lit de souffrance, luttant contre un mal dont il est permis de redouter l'issue, il a voulu, comme autrefois le patriarche Isaac, pouvoir vous bénir comme épouse, avant d'aller dans un monde meilleur, où il n'y a plus de séparation. Il sera consolé quand, tout à l'heure, vous allez lui ramener un fils; quand il saura que votre excellente mère et vous, vous aurez au moment de l'épreuve, si Dieu la veut, un soutien généreux et dévoué.

Ainsi, vous le voyez, mon cher Monsieur et ma chère Marie, ainsi vous le sentiez quand je ne vous l'eusse pas dit, la vie de l'homme ici-bas n'est qu'une sorte de pélerinage dans une terre d'exil et de douleurs. Parcourir, appuyés l'un sur l'autre, les sentiers de cet exil, où l'on rencontre tant d'épines déchirantes, où les fleurs sont si rares, ce sera pour vous une grande et réelle consolation. Toutefois ce bonheur ne sera solide et durable qu'autant que le Seigneur sera votre appui à l'un et à l'autre. Car, nous dit l'Apôtre, le temps est trop court, la figure du monde passe trop vite pour qu'on puisse y fixer son cœur, en oubliant Dieu. Les affections, même les plus légitimes, ne doivent pas, ne peuvent pas absorber l'homme tout entier ; il lui faut avant tout, Notre Seigneur l'a déclaré, chercher le royaume de Dieu et sa justice, le reste devant lui venir par surcroît. Aussi dans les soins et la multiplicité des affaires, au milieu de ce siècle indifférent, vous conserverez avec une sainte susceptibilité le riche trésor de la vertu et de la foi pour le transmettre intact à vos enfants, comme la première et plus noble partie de votre patrimoine.

Mon cher Monsieur et ma chère Marie, voici dans votre vie un moment solennel entre tous; recueillez-vous donc en la présence de Dieu. Vous allez prononcer une parole qui vous rendra inséparables, une parole qui sera un sacrement grand en Jésus-Christ et en son Église. Que de grâces vous y sont préparées! Mais aussi que de grâces vous sont nécessaires! Car vous ne pouvez l'ignorer, chacun a ses défauts, ses imperfections et son humeur; la grâce du sacrement vous donnera la force de vous supporter patiemment et de vous entr'aider avec amour. Vous le savez aussi, l'un de vous a l'autorité, l'autre doit l'obéissance; avec la grâce, l'autorité et l'obéissance rencontrées heureusement se donneront un baiser cordial, de telle sorte que vos deux volontés n'en feront plus qu'une seule. Avec la grâce, la complaisance ne s'usera point, la confiance régnera toujours, la concorde, l'amour et la paix seront inaltérables entre vous; et c'est là le bonheur autant qu'il existe sur cette terre.

Puissent être exaucées les prières que nous offrons

pour vous avec toute l'affection de l'ami et la charité du prêtre ! Daigne le Seigneur faire de votre maison le séjour de la sagesse, mère de tous les biens, maîtresse de toutes les vertus ! Daigne le Seigneur vous bénir tous deux avec des enfants que nous le prions de vous donner, répandant sur vous en abondance la rosée du ciel et la graisse de la terre ! Enfin daigne le Seigneur vous accorder une vie sainte, longue et heureuse ici-bas, et vous réunir ensuite pour jamais dans la patrie éternelle !

Voilà les vœux que forment pour vous vos parents et vos amis qui vous entourent. Voilà les vœux que nous allons porter au saint autel, après que nous aurons reçu votre mutuel consentement, et scellé et béni au nom du Seigneur vos engagements sacrés.